Faïza Mebazaa

Chic, du chocolat !

Photographies d'Alain Caste

Stylisme de Faïza Mebazaa

Remerciements de Faïza Mebazaa
Merci aux boutiques qui m'ont confié vaisselle et accessoires :
La Boutique scandinave - 01 40 22 02 67
Alessi - 01 42 66 14 61 - www.alessi.com

Merci à Catherine pour sa recette de bûche, transmise de génération en génération depuis 1949...
Merci enfin à Hugo et Léa, qui ont goûté desserts et friandises sans jamais se plaindre !

ISBN : 978-2-7540-1202-7
Imprimé en France - L58531
Dépôt légal : 4e trimestre 2009
Photos © Alain Caste
Édition : Aurélie Starckmann
Conception graphique : Istria
Pictogramme © Pascale Etchecopar

Éditions First -Gründ
60, rue Mazarine
75006 Paris – France
e-mail : firstinfo@efirst.com
Site internet : www.editionsfirst.fr

Sommaire

Introduction

Chocolat, ce mot magique évoque la quintessence de la gourmandise. Qu'ils croquent allègrement une tablette ou savourent religieusement une création de pâtissier, petits gourmands et grands passionnés partagent le même plaisir.

Le chocolat se prête à tant de variations ! Tour à tour croquant, aérien, onctueux, liquide, il se décline du noir au blanc, du chaud au froid, du plus simple au plus sophistiqué... Comment choisir ? J'ai cherché à proposer des recettes simples pour tous les moments gourmands de la journée, mais aussi quelques-unes pour des occasions festives, auxquelles vous pourrez consacrer un peu plus de temps et d'attention.

Voici quelques petits conseils qui vous permettront de réussir à coup sûr toutes les préparations de ce livre.

Tout d'abord, veillez à vous procurer des ingrédients de qualité. Noir, au lait ou blanc, choisissez de préférence un excellent chocolat de couverture (les marques Valrhona® et Barry® sont des musts), en vente dans les épiceries fines ou sur Internet. Pour faire fondre le chocolat, la présentation en pistoles est particulièrement pratique. En supermarché, on trouve en revanche d'excellents cacaos en poudre non sucrés. Mention spéciale pour le sucre : j'utilise autant que possible des sucres de canne, blonds ou bruns, pour leur saveur unique mais aussi pour leur intérêt nutritif. On en trouve un vaste choix dans les épiceries bio. Les œufs sont, sauf précision contraire, de calibre moyen (55 à 60 g sans la coquille).

Avant de passer à l'action, lisez intégralement la recette, puis pesez et préparez vos ingrédients.

Vous pouvez bien sûr faire fondre le chocolat au bain-marie, mais le four à micro-ondes offre une alternative vraiment simple et rapide. Il suffit de procéder par petits coups en remuant chaque fois : faites un test si vous n'avez jamais essayé cette méthode. Personnellement, je n'utilise le bain-marie que pour le tempérage du chocolat, de façon à en régler la température au degré près.

Plusieurs recettes demandent l'emploi de beurre mou. Inutile de le sortir une heure à l'avance : enveloppez-le en un seul morceau dans du film alimentaire adapté et passez-le au micro-ondes, deux fois 10 secondes. La consistance est alors parfaite et le beurre est prêt à être battu en pommade.

Le chocolat est un merveilleux ingrédient à travailler. Je vous souhaite beaucoup de plaisir dans la confection de ces recettes, et de grands moments de gourmandise !

Le gâteau dont tout le monde veut la recette

coût moyen • facile à réaliser • préparation : 20 min • cuisson : 20-25 min • prise du glaçage : 3 h • pour 6 personnes

3 bols
1 batteur électrique
1 moule à manqué

Pour le gâteau :

200 g de chocolat noir à 70 % de cacao

125 g de beurre + un peu pour le moule

125 g de sucre - 4 œufs

90 g de farine + un peu pour le moule

quelques gouttes d'extrait d'amande amère

1 barquette de framboises

Pour le glaçage :

150 g de chocolat à 60 % de cacao - 10 g d'huile de pépins de raisin (ou à défaut d'huile neutre)

1. Beurrez et farinez le moule. Réservez-le au frais. Hachez le chocolat et faites-le fondre au bain-marie ou au micro-ondes. Faites fondre le beurre.

2. Battez les jaunes d'œufs avec le sucre jusqu'à ce qu'ils blanchissent. Incorporez le beurre fondu. Incorporez ensuite le chocolat et mélangez parfaitement. Ajoutez quelques gouttes d'extrait d'amande (attention, très peu, car le goût est très prononcé). Versez la farine et mélangez. Battez les blancs en neige bien ferme et incorporez-les délicatement au mélange précédent à l'aide d'une spatule.

3. Versez une partie de l'appareil au fond du moule. Disposez les framboises sur toute la surface et recouvrez avec le reste du mélange. Faites cuire 20 à 25 minutes dans le four préchauffé à 180 °C (th. 6).

4. Faites fondre le chocolat. Incorporez l'huile de pépins de raisin. Nappez le gâteau de cette préparation et laissez prendre au frais, 3 heures.

variante

En saison, cette recette est également délicieuse avec des morceaux d'abricots frais.

truc de cuisinier

Le gâteau doit être très souple à la sortie du four : il se raffermira en refroidissant. Vous pouvez moduler la cuisson selon votre goût pour obtenir une consistance plus ou moins moelleuse.

Gâteau marbré

coût moyen • facile à réaliser • préparation : 20 min • cuisson : 55 min • pour 6-8 personnes

2 jattes - 1 robot ménager
1 moule à cake de 22-24 cm

200 g de farine - 5 g de levure chimique

170 g de beurre mou

190 g de sucre semoule

100 g de crème épaisse

3 œufs battus en omelette

1 c. à c. d'extrait naturel de vanille - 40 g de cacao en poudre non sucré

Mélangez la farine avec la levure. Préchauffez le four à 180 °C (th. 6).

Battez le beurre en pommade avec le sucre. Ajoutez la crème fraîche et l'extrait de vanille. Incorporez les œufs. Ajoutez progressivement la farine et la levure. Lorsque la pâte est parfaitement homogène, partagez-la en 2 parts égales et incorporez le cacao tamisé dans l'une d'elles. Mélangez parfaitement. Versez alternativement la pâte nature et la pâte cacaotée dans le moule beurré et fariné.

Enfournez et laissez cuire pendant environ 55 minutes. La lame d'un couteau introduite dans le gâteau doit en ressortir sèche. Laissez tiédir avant de démouler.

Cake au chocolat et aux fruits rouges

coût moyen • facile à réaliser • préparation : 20 min • cuisson : 50 min • pour 8 personnes

2 jattes - 1 tamis - 1 robot ménager - 1 moule à cake de 26-28 cm

170 g de farine - 5 g de levure chimique

50 g de cacao en poudre non sucré - 40 g de poudre d'amandes

50 g de chocolat noir à 70 % de cacao - 180 g de beurre mou

160 g de sucre de canne blond - 100 g de crème fleurette

3 œufs battus en omelette

200 g de fruits rouges confits - 20 g de pistaches mondées

20 g de cerneaux de noix

Tamisez ensemble la farine, la levure et le cacao. Hachez finement le chocolat. Hachez les pistaches et les noix au couteau.

Beurrez et farinez le moule. Préchauffez le four à 220 °C (th. 7-8).

Battez le beurre mou avec le sucre, puis ajoutez la poudre d'amandes. Incorporez petit à petit les œufs et la crème fleurette. Lorsque le mélange est homogène, ajoutez la farine cacaotée, puis le chocolat. Incorporez enfin les fruits rouges, les pistaches et les noix.

Remplissez le moule et lissez la surface. Faites cuire 10 minutes à 220 °C. Incisez légèrement le gâteau sur toute la longueur pour qu'il se développe régulièrement et poursuivez la cuisson à 180 °C (th. 6) pendant environ 40 minutes.

Marquise au chocolat

coût moyen • facile à réaliser • préparation : 25 min • réfrigération : 12 h • pour 6 personnes

1 bol

2 jattes

1 batteur électrique

1 cercle à pâtisserie + 1 plaque et du papier sulfurisé ou 1 moule

250 g de chocolat noir à 70 % de cacao

3 œufs ultra-frais

110 g de sucre semoule

120 g de beurre mou + un peu pour le moule

1 Beurrez le cercle à pâtisserie et posez-le sur une plaque recouverte de papier sulfurisé. Réservez-le au frais. Si vous utilisez un moule, chemisez-le de film alimentaire. Hachez le chocolat et faites-le fondre au bain-marie ou au micro-ondes.

2 Séparez les blancs d'œufs des jaunes et faites blanchir ces derniers avec 80 g de sucre. Travaillez le beurre en pommade et mélangez-le aux jaunes d'œufs blanchis. Incorporez ensuite le chocolat fondu.

3 Battez les blancs d'œufs en neige très ferme en incorporant progressivement les 30 g de sucre restants. Mélangez-les délicatement à l'appareil chocolaté en veillant à ne pas les casser.

4 Versez la préparation dans le cercle ou le moule. Recouvrez-le d'un film alimentaire et laissez prendre au réfrigérateur pendant 12 heures. Démoulez la marquise en glissant la lame d'un couteau le long des parois du cercle. Tranchez-la. Servez les parts accompagnées d'une crème anglaise.

variante

Vous pouvez sophistiquer cette préparation en intercalant une ou deux fines couches de génoise cacaotée avant de réfrigérer. Pour faciliter le montage, utilisez alors de préférence un moule à cake.

truc de cuisinier

Comme il s'agit d'une recette sans cuisson, assurez-vous de l'extrême fraîcheur des œufs que vous utilisez.

Crumble banane-chocolat

coût moyen • facile à réaliser • préparation : 35 min • cuisson : 30 min • pour 4 personnes

2 jattes
1 bol
1 casserole
1 poêle antiadhésive
1 plat à four
4 verrines

4 bananes

10 g de beurre

25 g de cassonade

1/2 cuil. à café de gingembre en poudre

120 g de chocolat noir à 70 % de cacao

12 cl de crème fleurette

5 cl de lait entier

Pour le crumble :

70 g de beurre + un peu pour le plat

70 g de farine

60 g de cassonade

40 g de poudre d'amandes

1 Préparez le crumble : mélangez le beurre froid coupé en petits dés avec les autres ingrédients du crumble. Travaillez aux doigts pour obtenir des miettes. Placez au réfrigérateur pendant au moins 30 minutes. Disposez ensuite les miettes de pâte dans un plat beurré et faites cuire pendant 20 minutes dans le four préchauffé à 180 °C (th. 6). Mélangez les miettes à mi-cuisson.

2 Mélangez la cassonade et le gingembre. Coupez les bananes en rondelles. Faites fondre le beurre dans une poêle antiadhésive et placez-y les rondelles de bananes. Saupoudrez-les de cassonade et faites-les caraméliser pendant quelques minutes de chaque côté. Elles doivent être dorées et moelleuses sans se défaire. Réservez.

3 Hachez finement le chocolat. Portez à ébullition la crème avec le lait, puis versez-les doucement sur le chocolat, tiers par tiers, en remuant chaque fois. Dès que le mélange est bien lisse, cessez de le travailler.

4 Remplissez les verrines de banane et de sauce chocolat en alternance. Recouvrez d'une couche de crumble. Servez sans tarder pour que l'ensemble reste légèrement tiède.

variante

Vous pouvez remplacer une partie de la poudre d'amandes par de la noix de coco râpée pour donner un côté exotique à cette recette.

truc de cuisinier

Si vous ne servez pas le crumble immédiatement, réservez-le à température ambiante et réchauffez-le quelques secondes au mico-ondes.

Petits soufflés au chocolat

coût moyen • facile à réaliser • préparation : 20 min • cuisson : 15 min • pour 6 personnes

1 bain-marie - 1 casserole
1 jatte - 1 batteur électrique
6 moules individuels à soufflé

200 g de chocolat noir à 70 % de cacao
6 œufs - 8 cl de lait
90 g de sucre semoule
2 c. à s. rases de fécule de pomme de terre - 2 c. à s. rases de cacao en poudre
20 g de beurre

Faites fondre le chocolat au bain-marie avec le beurre. Portez le lait à ébullition. Versez-le en filet sur le chocolat en remuant. Ajoutez la moitié du sucre, les jaunes d'œufs, la fécule et le cacao. Battez les blancs en neige ferme avec le restant du sucre. Incorporez-les délicatement au mélange précédent.

Préchauffez le four à 200 °C (th. 6-7). Beurrez et sucrez les moules. Remplissez-les de l'appareil à soufflé et faites cuire au four pendant 15 minutes.

Servez les soufflés dès la sortie du four, car ils vont très vite retomber. Vous pouvez les saupoudrer de sucre glace, de cacao ou de copeaux de chocolat.

Gâteau pour les grands froids et les sportifs

coût moyen • facile à réaliser • préparation : 35 min • cuisson : 50 min • pour 6-8 personnes

1 bain-marie - 2 jattes
1 batteur électrique - 1 moule à manqué ou à cake

50 g de noisettes grillées et pelées - 50 g d'amandes mondées grillées
40 g de cerneaux de noix - 5 dattes medjoul
200 g de chocolat au lait
150 g de beurre en parcelles
1 c. à s. de miel - 4 œufs
70 g de sucre de canne brun
8 cl de crème fleurette
150 g d'amandes en poudre
25 g de farine

Hachez les noisettes, les amandes et les noix au couteau. Coupez les dattes en petits morceaux. Beurrez et farinez un moule à manqué ou à cake.

Faites fondre le chocolat au bain-marie avec le beurre et le miel. Battez les jaunes d'œufs avec le sucre de canne jusqu'à ce que le mélange épaississe et devienne très clair. Incorporez la crème fleurette, puis la poudre d'amandes, la farine et enfin le mélange chocolaté.

Préchauffez le four à 180 °C (th. 6). Battez les blancs en neige ferme. Mélangez-les délicatement à la préparation précédente. Incorporez enfin les fruits secs. Versez l'appareil dans le moule. Égalisez la surface. Enfournez et laissez cuire pendant 50 minutes.

Gâteau d'anniversaire

coût moyen • facile à réaliser • préparation : 35 min • cuisson : 1 h • réfrigération : 1 h • pour 8 personnes

1 casserole
2 jattes - 3 bols
1 batteur électrique
1 moule ou cercle de 20 cm environ
1 couteau-scie

200 g de farine
10 g de levure chimique
30 g de cacao
220 g de beurre
4 œufs
200 g de sucre de canne brun
2 cuil. à soupe de sirop d'érable
10 cl de lait entier

Pour les ganaches :
100 g de chocolat noir à 70 % de cacao
120 g de chocolat au lait
150 g de chocolat blanc
220 g de crème fraîche épaisse

1 Mélangez la farine avec la levure et le cacao. Faites tout juste fondre le beurre (il doit être crémeux et opaque). Blanchissez les œufs avec le sucre. Versez le sirop d'érable, puis le beurre et enfin le lait en mince filet sans cesser de battre. Lorsque le mélange est homogène, incorporez la farine cacaotée et mélangez parfaitement.

2 Préchauffez le four à 180 °C (th. 6). Versez l'appareil dans le moule beurré. Enfournez-le et faites-le cuire entre 55 minutes et 1 heure. Vérifiez la cuisson en plongeant la lame d'un couteau au centre du gâteau. Attendez 10 minutes avant de démouler le gâteau sur une grille.

3 Faites fondre séparément les trois chocolats au micro-ondes ou au bain-marie. Incorporez au chocolat noir 100 g de crème et tournez jusqu'à ce que le mélange soit lisse et brillant. Procédez de même avec le chocolat au lait et 70 g de crème, puis le chocolat blanc et 50 g de crème.

4 Une fois le gâteau refroidi, coupez-le en 3 disques. Recouvrez le 1er avec la ganache au chocolat au lait. Posez dessus le 2e et nappez-le de ganache blanche. Terminez avec le 3e disque et recouvrez-le de ganache noire. Laissez prendre au frais pendant 1 heure ou plus. Décorez selon votre fantaisie. Il est préférable de sortir le gâteau du réfrigérateur une demi-heure avant de le servir.

variante

Pour ce gâteau, vous pouvez envisager toutes sortes de garnitures, telles que fruits et crème fouettée, crème au beurre, etc.

truc de cuisinier

Utilisez un moule assez profond et remplissez-le aux trois quarts, car le gâteau va gonfler à la cuisson.

Coulants au lait d'amande

coût moyen • délicat à réaliser • préparation : 35 min • congélation : 7 h • cuisson : 15 min • pour 4 personnes

1 casserole - 2 bols - 1 jatte

1 batteur électrique - blender - 4 moules à dariole de 6 cm de diamètre - film alimentaire

20 g de fécule de pomme de terre - 30 cl de lait entier

50 g de sucre en poudre - 50 g d'amandes en poudre

1/2 c. à c. d'extrait d'amande amère - 10 cl de crème fleurette

75 g de chocolat noir à 70 % de cacao - 75 g de crème fraîche épaisse

Pour les biscuits :

100 g de chocolat noir à 70 % de cacao - 55 g de beurre mou

1 gros jaune et 2 gros blancs d'œufs

55 g de sucre semoule - 20 g de farine - 20 g d'amandes en poudre

1 Délayez la fécule dans un peu de lait. Versez dans une casserole avec le reste du lait et faites épaissir sur feu doux en remuant continuellement. Retirez du feu et ajoutez le sucre, la poudre d'amandes et l'extrait. Passez cette préparation au blender avec la crème fleurette pour obtenir une crème fluide et mousseuse. Réservez au réfrigérateur.

2 Faites fondre le chocolat des cœurs coulants avec la crème au bain-marie ou au micro-ondes. Remuez doucement pour obtenir une ganache lisse et brillante. Lorsqu'elle a figé, façonnez-la en cylindre dans un film alimentaire et laissez prendre au réfrigérateur. Coupez ensuite le cylindre en 4 morceaux et placez-les au congélateur pendant 6 heures ou plus.

3 Beurrez et farinez les moules. Faites fondre le chocolat pour les biscuits, puis incorporez le beurre. Lorsque le mélange est bien lisse, ajoutez le jaune d'œuf. Battez les blancs en neige avec le sucre. Incorporez-les délicatement au mélange chocolaté, puis ajoutez la farine et la poudre d'amandes. Versez un peu de cet appareil dans chaque moule. Posez un cœur congelé en l'enfonçant un peu et finissez de remplir les moules. Placez-les au congélateur pendant 1 heure.

4 Faites cuire les gâteaux 15 minutes dans le four préchauffé à 200 °C (th. 6-7). Démoulez-les dans les assiettes et entourez-les de lait d'amande. Servez aussitôt.

variante

Vous pouvez ajouter une framboise fraîche à l'intérieur des gâteaux ou encore parfumer la ganache des cœurs coulants.

truc de cuisinier

Le plus simple est de préparer le lait d'amande et les cœurs coulants la veille, la confection du biscuit le jour même étant très rapide.

Sachertorte

coût moyen • délicat à réaliser • préparation : 1 h 30 • cuisson : 50 min • réfrigération : 3 h • pour 6-8 personnes

2 bols - 2 jattes

1 casserole - 1 batteur électrique ou robot

1 moule de 22 cm de diamètre - du papier sulfurisé

1 grille - 1 passoire

130 g de farine - 180 g de chocolat noir à 70 % de cacao

6 œufs - 100 g de sucre semoule

60 g de sucre glace

130 g de beurre mou + un peu pour le moule

250 g de bonne confiture d'abricots - 2 c. à c. de jus de citron

Pour le glaçage :

120 g de chocolat à 65 % de cacao - 13 cl de crème fleurette

20 g de beurre en parcelles - 50 g de sucre semoule

20 g de cacao non sucré

1 Beurrez le moule et farinez les parois. Tapissez le fond d'un disque de papier sulfurisé. Faites fondre le chocolat à 70 %. Battez le beurre en pommade avec le sucre glace. Lorsqu'il est léger et onctueux, incorporez les jaunes d'œufs un par un. Ajoutez le chocolat fondu refroidi, puis la farine, peu à peu. Préchauffez le four à 160 °C (th. 5-6). Battez les blancs en neige avec le sucre semoule. Incorporez-les délicatement à l'appareil chocolaté. Remplissez le moule et lissez la surface. Faites cuire 45 à 50 minutes. Vérifiez la cuisson à l'aide d'un couteau. Laissez tiédir avant de démouler le gâteau sur une grille.

2 Faites chauffer la confiture d'abricots avec le jus de citron jusqu'à l'ébullition. Filtrez-la. Coupez le gâteau en 2 disques. Nappez le 1er avec 2/3 de la confiture. Recouvrez du 2e disque et étalez le reste de la confiture. Placez au frais.

3 Hachez finement le chocolat à 65 %. Faites bouillir 10 cl de crème fleurette et versez-la en 3 fois sur le chocolat. Tournez pour obtenir une ganache lisse. Incorporez aussitôt le beurre. Portez à ébullition 5 cl d'eau avec le sucre, puis ajoutez le reste de la crème et le cacao. Versez sur la ganache et mélangez.

4 Placez le gâteau sur une grille. Recouvrez de glaçage. Laissez figer à température ambiante. Réfrigérez pendant 3 heures pour fixer le glaçage. Servez avec de la crème fouettée légèrement sucrée.

variante

Vous pouvez ajouter des petits dés d'abricots au sirop à l'intérieur du gâteau.

truc de cuisinier

La sachertorte gagne à être préparée la veille. Sortez-la 30 minutes avant de servir.

Gâteau ananas-coco caramélisé

coût moyen • délicat à réaliser • préparation : 45 min • cuisson : 30 min • pour 6 personnes

1 casserole
3 bols
1 batteur électrique
1 moule à manqué
du papier sulfurisé

1 ananas
110 g de sucre semoule
130 g de beurre en petits dés
1 pincée de gingembre en poudre
1 pincée de quatre-épices
100 g de chocolat à 70 % de cacao
4 jaunes et 5 blancs d'œufs
80 g de sucre de canne foncé
4 c. à s. de lait de coco
70 g de farine
10 g de cacao
noix de coco râpée

1. Coupez l'ananas en très fines tranches évidées au centre. Chemisez le moule de papier sulfurisé.

2. Réalisez un caramel à sec avec 100 g de sucre semoule. Décuisez-le avec 50 g de beurre. Versez-le aussitôt dans le moule pour napper le fond. Disposez les plus belles tranches d'ananas sur le caramel en les faisant se chevaucher. Saupoudrez avec les épices.

3. Préchauffez le four à 180 °C (th. 6). Faites fondre le chocolat. Ajoutez le reste du beurre et mélangez jusqu'à ce qu'il soit entièrement fondu. Battez les jaunes d'œufs avec le sucre brun pour obtenir un mélange mousseux et clair. Incorporez le chocolat, puis le lait de coco. Ajoutez la farine, le cacao et 20 g de noix de coco râpée. Mélangez parfaitement. Battez les blancs en neige avec 10 g de sucre semoule et incorporez-les délicatement à la préparation.

4. Versez l'appareil dans le moule sur les tranches d'ananas. Enfournez pour une cuisson de 30 minutes. Laissez un peu tiédir le gâteau, puis retournez-le sur le plat de service et retirez délicatement le moule et le papier. Décorez avec de la noix de coco râpée.

variante

Vous pouvez remplacer l'ananas par des rondelles de bananes. Dans ce cas, n'utilisez pas de lait de coco, mais ajoutez un peu de rhum ambré.

truc de cuisinier

Pour réaliser votre caramel, saupoudrez de sucre le fond de la casserole chaude au fur et à mesure qu'il fond. Ne remuez jamais et ne laissez pas le caramel mousser.

Gâteau roulé au lemon curd

coût moyen • délicat à réaliser • préparation : 45 min • cuisson : 23 min • pour 6 personnes

3 bols
1 jatte
1 batteur électrique
1 plaque
du papier sulfurisé

3 œufs

90 g de sucre de canne foncé

30 g de beurre fondu

50 g de farine

25 g de cacao

1/4 de cuil. à café de bicarbonate de soude

sucre glace

Pour la crème au lemon curd :

1 citron bio

2 œufs

50 g de beurre

90 g de sucre de canne blond

10 cl de crème fleurette

1 Préparez le lemon curd : prélevez et hachez finement le zeste du citron. Battez les œufs avec le sucre sans blanchir. Ajoutez le jus du citron, le beurre en parcelles et le zeste. Faites cuire doucement au bain-marie pendant 15 minutes en remuant sans cesse. Laissez refroidir le lemon curd en le remuant de temps en temps, puis filmez-le et placez-le au réfrigérateur.

2 Préchauffez le four à 180 °C (th. 6). Mélangez la farine avec le cacao et le bicarbonate de soude. Faites blanchir les œufs avec le sucre. Incorporez le beurre, puis la farine cacaotée. Étalez finement la pâte sur une plaque chemisée de papier sulfurisé. Lissez à la spatule. Enfournez pour 8 minutes. Le biscuit est alors souple au toucher. Retournez-le aussitôt sur une feuille de papier sulfurisé saupoudrée de sucre glace et retirez la feuille de cuisson. Enroulez le gâteau dans la feuille de papier. Enveloppez-le de papier aluminium pour qu'il conserve son humidité et laissez-le refroidir complètement.

3 Montez la crème fleurette. Mélangez-la au lemon curd. Déroulez délicatement le gâteau et retirez le papier. Recouvrez-le de crème, puis réenroulez-le sans tasser. Enveloppez-le de film alimentaire et placez-le au frais pendant quelques heures.

4 Déposez le gâteau sur le plat de service et décorez-le de copeaux de chocolat, de zestes et de sucre glace.

variante

À partir de cette recette de gâteau roulé, vous pouvez varier les garnitures : confiture et fruits rouges, crème café, lemon curd seul, ou tout ce que votre imagination pourra vous inspirer.

truc de cuisinier

Versé chaud dans des pots stérilisés hermétiques, le lemon curd se conserve plusieurs semaines au réfrigérateur. Sinon, consommez-le dans la semaine.

Charlotte au chocolat et à l'orange

coût moyen • facile à réaliser • préparation : 40 min • réfrigération : 12 h • pour 6 personnes

1 casserole - 3 bols
2 jattes - 1 zesteur ou couteau Économe
1 batteur électrique
1 moule à charlotte
du papier sulfurisé

2 oranges bio, zeste et jus
20 g de sucre de canne blond
70 g de sucre semoule
4 c. à s. de Cointreau
160 g de chocolat noir à 70 % de cacao
2 œufs ultra-frais
15 cl de lait entier
3 feuilles de gélatine (3 g)
20 g de crème fleurette
32 biscuits à la cuiller
copeaux de chocolat

1 Mettez les zestes dans une petite casserole avec le sucre de canne et 5 cl d'eau. Laissez bouillir pendant environ 10 minutes sur feu doux, le temps que l'eau s'évapore. Réservez les zestes confits sur une assiette.

2 Faites chauffer 20 cl de jus d'orange avec 20 g de sucre semoule. Laissez bouillir pendant 2 minutes, puis retirez du feu et ajoutez le Cointreau. Réservez.

3 Faites fondre le chocolat au micro-ondes ou au bain-marie. Battez les jaunes d'œufs avec 40 g de sucre. Mettez à tremper la gélatine dans un bol d'eau. Chauffez le lait jusqu'au seuil de l'ébullition. Versez-le sur les jaunes d'œufs, mélangez et reversez dans la casserole. Faites chauffer doucement en remuant sans cesse jusqu'à ce que la crème nappe la cuillère. Versez la crème anglaise sur le chocolat en trois fois. Incorporez la gélatine essorée. Battez les blancs en neige ferme avec les 10 g de sucre restants. Fouettez la crème dans une jatte très froide. Incorporez délicatement les œufs en neige et la crème fouettée à la crème chocolatée refroidie.

4 Beurrez le moule à charlotte. Tapissez le fond d'un disque de papier sulfurisé. Saupoudrez légèrement les parois de sucre. Trempez rapidement les biscuits à la cuiller dans le sirop à l'orange. Tapissez les parois et le fond du moule de biscuits, remplissez de mousse, recouvrez de biscuits. Réfrigérez. Le lendemain, servez avec les zestes confits et des copeaux de chocolat.

variante

On sert souvent les charlottes avec une crème anglaise. C'est superflu pour cette recette riche et parfumée.

truc de cuisinier

Dégustez de préférence la charlotte dans les 24 heures qui suivent sa préparation.

Éclairs au chocolat

coût moyen • délicat à réaliser • préparation : 1 h • cuisson : 25 min • pour 8-10 éclairs

2 casseroles - 2 bols
1 jatte - 1 plaque à pâtisserie
du papier sulfurisé
1 poche à douille n° 14

8 cl de lait entier
70 g de beurre
4 g de sel - 4 g de sucre
85 g de farine
140 g d'œufs légèrement battus

Pour la crème pâtissière :

120 g de chocolat noir à 70 % de cacao
35 cl de lait entier
3 jaunes d'œufs
45 g de sucre
40 g de farine

Pour le glaçage :

180 g de fondant blanc
15 g de cacao - 15 g de beurre
quelques gouttes de colorant rouge

1 Dans une casserole, faites chauffer le lait et 10 cl d'eau avec le beurre en parcelles, le sel et le sucre. À l'ébullition, versez la farine d'un coup hors du feu et mélangez vivement. Remettez sur feu doux quelques instants pour dessécher la pâte, sans cesser de mélanger. Incorporez petit à petit les œufs hors du feu.

2 Préchauffez le four à 180 °C (th. 6). À l'aide d'une poche munie d'une douille n° 14, dressez des cylindres de 10 cm bien espacés sur la plaque recouverte de papier sulfurisé. Enfournez et laissez cuire pendant environ 25 minutes. Les éclairs sont alors d'un blond doré. Incisez-les latéralement et laissez-les refroidir.

3 Faites fondre le chocolat au micro-ondes ou au bain-marie. Dans une casserole, portez à ébullition le lait avec la moitié du sucre. Faites blanchir les jaunes d'œufs avec le reste du sucre, puis incorporez la farine. Versez le lait en mince filet en remuant, puis reversez l'ensemble dans la casserole. Chauffez doucement sans cesser de remuer, jusqu'à ce que la crème épaississe. Mélangez-la parfaitement avec le chocolat. Laissez refroidir en remuant régulièrement.

4 Remplissez les éclairs de crème pâtissière. Assouplissez le fondant au bain-marie. Incorporez le beurre et le cacao. Réchauffez la couleur avec quelques gouttes de colorant rouge. Ajustez la consistance du mélange avec très peu d'eau chaude : il doit être épais mais fluide. Trempez les éclairs dans le glaçage et laissez-le durcir. Conservez les éclairs au réfrigérateur et dégustez-les dans les 24 heures.

variante

Si vous ne disposez pas de fondant, réalisez un glaçage au chocolat classique pour napper vos éclairs.

truc de cuisinier

N'oubliez pas le sel dans la pâte à choux, sinon vos éclairs ne doreront pas.

Pure tarte au chocolat noir

coût moyen • facile à réaliser • préparation : 35 min • repos de la pâte : 2 h 30 • cuisson : 20 min • prise : 2 h • pour 6 personnes

1 casserole - 3 bols - 1 moule à tarte - du papier sulfurisé - des noyaux de cuisson

180 g de farine - 15 g de cacao - 25 g de poudre d'amandes - 1 pincée de sel

130 g de beurre mou

80 g de sucre glace

extrait de vanille - 2 jaunes d'œufs

Pour la garniture :

260 g de chocolat noir à 70 % de cacao - 20 cl de crème fleurette - 50 g de beurre

Mélangez la farine, le cacao, la poudre d'amandes et le sel. Travaillez le beurre en pommade avec le sucre glace. Incorporez la vanille et les jaunes, puis la farine cacaotée. Filmez la boule de pâte et réfrigérez-la pendant 2 heures. Garnissez le moule beurré. Percez la pâte avec une fourchette et replacez au frais pendant 30 minutes. Préchauffez le four à 180 °C (th. 6). Garnissez le fond de tarte de papier sulfurisé et de noyaux de cuisson. Enfournez pour 20 minutes. Laissez refroidir.

Hachez finement le chocolat. Portez à ébullition la crème fleurette et versez-la sur le chocolat en tournant. S'il n'est pas entièrement fondu, passez-le quelques secondes au micro-ondes. Incorporez le beurre. Cessez de remuer dès que la ganache est lisse et brillante. Garnissez le fond de tarte et laissez prendre à température ambiante, 2 heures.

Tarte au chocolat blanc, gingembre et litchis

coût moyen • facile à réaliser • préparation : 35 min • repos de la pâte : 2 h 30 • cuisson : 20 min • réfrigération : 2 h • pour 6 personnes

1 casserole - 3 bols
1 moule à tarte
du papier sulfurisé
des noyaux de cuisson

500 g de pâte sucrée

250 g de chocolat blanc

15 cl de crème fleurette

4 cm de racine de gingembre

1 petite boîte de litchis

Préparez la pâte selon la recette des tartelettes au chocolat au lait, p. 32. Pour sa cuisson, reportez-vous à la recette de la tarte au chocolat noir, ci-dessus. Égouttez les litchis et coupez-les en deux. Pelez le gingembre et coupez-le en tout petits dés. Hachez finement le chocolat blanc.

Portez à ébullition la crème avec le gingembre, puis laissez infuser pendant 10 minutes. Passez la crème, réchauffez-la et versez-la sur le chocolat en remuant. Remplissez le fond de tarte de ganache. Disposez les litchis et laissez prendre au frais pendant 2 heures.

Tartelettes au chocolat au lait et au caramel

coût moyen • assez facile à réaliser • préparation : 35 min • repos de la pâte : 2 h 30 • cuisson : 12 min • réfrigération : 2 h • pour 12 tartelettes

1 casserole - 1 bol

1 robot ménager muni d'1 feuille - 12 petits moules à tartelette

du papier sulfurisé

des noyaux de cuisson

130 g de beurre mou + un peu pour les moules

50 g de sucre glace tamisé - 30 g de sucre de canne complet

200 g de farine - 30 g de poudre d'amandes

les graines d'1 gousse de vanille

1 œuf tempéré

1 pincée de sel

Pour la garniture :

300 g de chocolat au lait à 35 % de cacao - 15 cl de crème fleurette

75 g de sucre - 30 g de beurre tempéré

1. Battez le beurre en pommade, puis incorporez-lui les deux sucres et la vanille. Travaillez au robot jusqu'à obtention d'une crème onctueuse. Ajoutez alors la poudre d'amandes et le sel, puis l'œuf et lissez le mélange. Incorporez progressivement la farine et cessez de travailler la pâte dès qu'elle est homogène. Filmez la boule de pâte et laissez-la reposer au réfrigérateur pendant 2 heures.

2. Beurrez les moules et garnissez-les de pâte. Percez les fonds à la fourchette. Réfrigérez pendant 30 minutes. Préchauffez le four à 180 °C (th. 6). Garnissez les fonds de tartelettes de papier sulfurisé frangé et de noyaux de cuisson et faites-les cuire pendant 10 minutes, puis 2 minutes sans noyaux ni papier. Démoulez les tartelettes et laissez-les refroidir sur une grille.

3. Faites fondre le chocolat. Portez la crème à ébullition et versez-la sur le chocolat. Remuez doucement jusqu'à ce que la ganache soit bien lisse. Faites fondre le sucre à sec dans une casserole, sans remuer. Lorsqu'il prend une couleur ambrée, retirez-le du feu et décuisez-le avec le beurre en parcelles. Incorporez aussitôt un peu de ganache chaude et continuez à mélanger les deux préparations.

4. Remplissez les tartelettes de ganache et laissez prendre au frais pendant 2 heures. Sortez-les 10 minutes avant de les déguster.

variante

Vous pouvez émietter un peu de nougat au fond des tartelettes avant de les remplir de ganache.

truc de cuisinier

Pensez à préparer le double de pâte et à en congeler la moitié pour une utilisation ultérieure.

Forêt-noire

coût moyen • délicat à réaliser • préparation : 1 h • cuisson : 35 min • pour 8 personnes

2 bols - 1 tamis - 3 jattes

1 casserole - 1 batteur électrique

1 cercle à pâtisserie de 20 cm assez haut

1 plaque - 1 couteau-scie

1 pinceau - 1 spatule

1 poche à douille cannelée

50 g de farine - 20 g de fécule de pomme de terre

40 g de cacao - 6 œufs

1/2 c. à c. de vanille en poudre - 2 c. à s. de kirsch

250 g de sucre semoule

50 g de beurre fondu + un peu pour le cercle

Pour la garniture :

200 g de griottines égouttées - 50 cl de crème fleurette

80 g de sucre semoule

1/2 c. à c. d'extrait de vanille liquide - 2 c. à s. de kirsch (5 cl)

80 g de copeaux de chocolat noir

1 Beurrez le cercle, posez-le sur une plaque recouverte de papier cuisson et réservez-le au frais. Tamisez ensemble la farine, la fécule, le cacao et la vanille en poudre. Préchauffez le four à 200 °C (th. 6-7). Faites blanchir les jaunes d'œufs avec 75 g de sucre. Montez les blancs en neige ferme en incorporant progressivement 75 g de sucre. Incorporez aux jaunes blanchis le beurre et la farine cacaotée. Ajoutez les blancs en neige en mélangeant délicatement jusqu'à ce que l'appareil soit homogène. Remplissez le cercle et enfournez pour 35 minutes. Vérifiez la cuisson à l'aide d'un couteau. Laissez refroidir la génoise sur une grille.

2 Portez à ébullition 20 cl d'eau avec 100 g de sucre. Laissez tiédir et ajoutez le kirsch. Réservez le sirop à température ambiante. Fouettez la crème fleurette. Incorporez progressivement le sucre, l'extrait de vanille et le kirsch.

3 Égalisez la surface de la génoise et coupez-la en 3 disques. Posez le 1er sur un plat et imbibez-le de sirop à l'aide d'un pinceau. Nappez-le généreusement de crème fouettée, lissez et parsemez de griottines. Recouvrez avec le 2e disque et procédez de même. Terminez par le 3e disque, imbibez-le et recouvrez-le d'une fine couche de crème. Nappez également les côtés du gâteau. Formez des rosaces de crème fouettée à l'aide d'une poche à douille. Décorez de griottines et de copeaux de chocolat. Réservez au frais jusqu'au moment de servir.

variante

Vous pouvez remplacer les griottines par des cerises amarena pour obtenir un gâteau moins alcoolisé.

truc de cuisinier

Placez le bol et le fouet du batteur au congélateur avant de monter la crème, qui doit elle-même être très froide.

Gâteau chic au parfum de thé

coût moyen • délicat à réaliser • préparation : 1 h • cuisson : 15 min • réfrigération : 6 h • pour 6 personnes

2 jattes - 1 casserole - 2 bols - 1 batteur électrique - 1 plaque à pâtisserie - du papier sulfurisé - 1 spatule - 1 pinceau

70 g de poudre d'amandes - 70 g de sucre glace

20 g de cacao - 4 blancs d'œufs

20 g de sucre semoule - 25 g de chocolat noir fondu

Pour la ganache :

200 g de chocolat noir à 70 % de cacao finement haché - 15 cl de crème fleurette

50 g de beurre mou - 1 c. à s. de thé noir en vrac

Pour la chantilly au chocolat :

30 g de chocolat noir à 70 % de cacao finement haché

15 cl de crème fleurette - 3 c. à c. de sucre semoule

1 Préchauffez le four à 180 °C (th. 6). Mélangez la poudre d'amandes, le sucre glace et le cacao. Battez les blancs en neige avec le sucre semoule. Mélangez-les délicatement aux poudres précédentes. Étalez la pâte sur une plaque recouverte de papier sulfurisé. Lissez la surface pour obtenir une épaisseur régulière de quelques millimètres. Enfournez pour 15 minutes. À la sortie du four, retournez le biscuit, humidifiez très légèrement le papier et retirez-le délicatement. Découpez le biscuit en 3 rectangles de 10 x 21 cm. Lorsqu'ils sont froids, badigeonnez-en deux au pinceau avec le chocolat fondu.

2 Portez la crème à ébullition. Faites-y infuser le thé pendant 10 minutes. Filtrez, versez sur le chocolat et remuez. Si nécessaire, réchauffez légèrement la ganache pour la lisser. Incorporez le beurre et mélangez parfaitement. Lorsque la ganache s'est raffermie, étalez-la sur un des biscuits chocolatés. Égalisez et recouvrez d'un 2e biscuit chocolaté. Placez au réfrigérateur.

3 Faites bouillir la crème fleurette avec le sucre. Versez-la lentement sur le chocolat en remuant. Lorsqu'elle est complètement refroidie, placez la crème au congélateur pendant 20 minutes, puis montez-la en chantilly.

4 Étalez deux tiers de cette chantilly sur le gâteau et recouvrez avec le dernier biscuit. Badigeonnez toutes les faces du gâteau avec le reste de la chantilly et lissez à la spatule. Saupoudrez de cacao. Réservez au réfrigérateur jusqu'au moment de servir.

variante

Vous pouvez choisir un earl grey ou encore un thé aux fruits et aux épices.

truc de cuisinier

Le plus simple est de confectionner ce gâteau en deux temps : la veille, biscuit, ganache et crème fleurette chocolatée ; le lendemain, chantilly et finition du gâteau.

Choco-craquant façon mille-feuille

coût moyen • délicat à réaliser • préparation : 40 min • cuisson : 8 min par plaque • pour 4 personnes

2 jattes - 2 bols
1 casserole
1 batteur électrique
1 plaque à pâtisserie
du papier sulfurisé
1 spatule
1 poche à douille cannelée

70 g de beurre mou
70 g de sucre glace
3 œufs - 4 gavottes
60 g de lait entier
50 g de farine
2 cuil. à soupe de cacao
25 cl de lait entier
10 cl de crème fleurette
60 g de sucre semoule
40 g de fécule de maïs
1 cuil. à café d'extrait de café liquide
100 g de chocolat noir à 70 % de cacao haché
2 cuil. à café de cognac

1 Préchauffez le four à 180 °C (th. 6). Travaillez le beurre en pommade, puis ajoutez le sucre glace. Battez jusqu'à obtention d'une crème onctueuse. Versez 2 blancs d'œufs légèrement battus et amalgamez-les. Mélangez la farine et le cacao. Ajoutez-les à la préparation. Lorsque la pâte est bien lisse, incorporez les gavottes émiettées.

2 Étalez la pâte très finement à l'aide d'une spatule sur une plaque recouverte de papier sulfurisé. Avec un couteau, délimitez des rectangles de la taille d'un mille-feuille. Faites cuire pendant 8 minutes. Détachez les rectangles de pâte dès la sortie du four et laissez-les refroidir à plat sur une grille. Procédez de même avec le reste de la pâte.

3 Portez à ébullition le lait avec la crème. Faites blanchir 3 jaunes d'œufs avec le sucre semoule. Ajoutez l'extrait de café, puis la fécule de maïs. Versez une partie du lait chaud sur les œufs et mélangez. Remettez l'ensemble dans la casserole et remuez sur feu doux pendant 3 minutes. Hors du feu, incorporez le chocolat haché. Lorsqu'il est entièrement fondu, ajoutez le cognac. Laissez refroidir la crème.

4 Remplissez une poche à douille cannelée de crème au chocolat. Juste avant de servir, montez les mille-feuilles en superposant rectangles et couches de crème. Décorez selon votre inspiration (cacao, sucre glace, copeaux...). Dégustez sans attendre.

variante

Pour un effet bicolore, garnissez vos mille-feuilles avec une crème au chocolat blanc, ou encore une crème à la vanille légèrement alcoolisée.

truc de cuisinier

Si votre crème pâtissière n'est pas assez lisse, donnez-lui un coup de mixeur plongeant : elle sera parfaite.

La bûche aux marrons de Grand-mère Camille

coût moyen • facile à réaliser • préparation : 30 min • réfrigération : 12 h • pour 8 personnes

1 casserole
1 bol
1 mixeur ou moulin à légumes
du film alimentaire
1 emporte-pièce

500 g de marrons en bocal
125 g de chocolat noir à 70 % de cacao
125 g de beurre
125 g de sucre semoule
2 cuil. à soupe de whisky
un peu de pâte d'amandes verte
quelques brisures de marrons glacés

1 Réchauffez les marrons avec un peu d'eau. Égouttez-les et mixez-les ou moulinez-les pour obtenir une purée la plus lisse possible.

2 Faites fondre le chocolat avec le beurre au bain-marie ou au micro-ondes. Ajoutez le sucre et le whisky et incorporez ce mélange à la purée de marrons. Placez cet appareil de consistance molle dans du film alimentaire en lui donnant une forme cylindrique. Laissez durcir au réfrigérateur.

3 Étalez la pâte d'amandes sur le plan de travail et découpez-la en petites feuilles à l'aide d'un emporte-pièce. Dessinez les nervures et laissez durcir les feuilles sur une assiette au réfrigérateur jusqu'au lendemain.

4 Le lendemain, retirez le film et façonnez la bûche à votre convenance. Décorez-la avec les feuilles de pâte d'amandes et les brisures de marrons glacés.

variante

Au lieu d'une bûche, n'hésitez pas selon l'occasion à donner à ce gâteau toutes sortes de formes : cœur, tresse, pavé, petits fours... Vous pouvez également le décorer de fruits confits, chantilly, sucre glace, copeaux...

truc de cuisinier

En rajoutant beurre et chocolat, vous obtiendrez une texture plus ferme.

Madeleines au chocolat

coût moyen • facile à réaliser • préparation : 20 min • repos de la pâte : 2 h • cuisson : 10 min • pour 12 madeleines

1 casserole
1 petite passoire
2 jattes
1 petit fouet
1 plaque de 12 moules à madeleine

80 g de farine + un peu pour les moules
3 g de levure
15 g de cacao
1 pincée de sel
40 g de chocolat noir à 70 % de cacao
100 g de beurre + un peu pour les moules
90 g de sucre de canne complet (ou à défaut de sucre semoule)
2 œufs

1 Beurrez et farinez les moules. Réservez-les au frais. Hachez le chocolat.

2 Faites chauffer le beurre doucement dans une petite casserole jusqu'à ce qu'il prenne une couleur dorée et dégage un délicieux parfum de noisette. Filtrez-le.

3 Mélangez parfaitement la farine, la levure, le sel et le cacao à l'aide d'un petit fouet. Mélangez les œufs avec le sucre sans blanchir. Incorporez le mélange de poudres, puis le beurre noisette versé en mince filet. Ajoutez enfin le chocolat haché. Remplissez les moules et laissez reposer au frais pendant 2 heures ou plus.

4 Préchauffez le four à 200 °C (th. 6-7). Enfournez la plaque de madeleines et baissez la température à 180 °C. Laissez cuire 10 minutes : les madeleines doivent être souples au toucher. Laissez tiédir avant de démouler.

variante

N'hésitez pas à glacer les madeleines sur le dessus avec du chocolat noir ou blanc simplement fondu.

truc de cuisinier

Veillez à ne pas trop travailler la pâte pour ne pas l'aérer excessivement.

Financiers au chocolat et aux griottines

coût moyen • facile à réaliser • préparation : 20 min • cuisson : 15 min • pour 14 financiers

1 casserole
1 petite passoire
1 jatte
1 fouet ou batteur électrique
des moules à financier
1 poche ou du papier sulfurisé

130 g de beurre
60 g de farine
15 g de cacao en poudre non sucré
120 g de sucre glace
80 g de poudre d'amandes
5 blancs d'œufs
1 cuil. à soupe de kirsch
42 griottines
80 g de chocolat blanc

1 Faites fondre le beurre dans une petite casserole et laissez-le mousser à feu doux pendant quelques minutes. Lorsqu'il commence à se colorer et à dégager un agréable parfum de noisette, retirez-le du feu et filtrez-le.

2 Beurrez les moules et réservez-les au frais s'ils ne sont pas en silicone. Tamisez ensemble la farine, le cacao, le sucre glace et la poudre d'amandes. Incorporez les blancs d'œufs, puis le kirsch et enfin le beurre noisette encore tiède. Si vous utilisez un fouet électrique, travaillez à petite vitesse.

3 Préchauffez le four à 200 °C (th. 6-7). Garnissez les moules et alignez 3 griottines égouttées sur chaque financier. Enfournez et laissez cuire 15 minutes. Attendez qu'ils aient refroidi pour les démouler.

4 Faites fondre le chocolat blanc et garnissez-en une poche ou un cornet en papier sulfurisé. Coupez un tout petit trou à la pointe. Zébrez les financiers et laissez durcir le chocolat blanc avant de déguster, avec un thé ou un café.

variante

Vous pouvez remplacer les griottines par des framboises fraîches. Dans ce cas, n'incorporez pas de kirsch à la pâte.

truc de cuisinier

Si vous ne disposez pas de moules à financier, utilisez de petits moules à tartelette lisses.

Brownies aux noix de pécan

coût moyen • facile à réaliser • préparation : 20 min • cuisson : 35 min • pour 8 personnes

2 bols - 1 jatte

1 robot ménager - 1 moule carré de 22 cm

du papier sulfurisé

200 g de chocolat à 70 % de cacao - 1 c. à s. de miel

160 g de beurre mou

160 g de sucre de canne brun - 2 œufs tempérés

2 c. à c. d'extrait de vanille

80 g de farine - 1 c. à s. de cacao en poudre

1 pincée de sel - 100 g de noix de pécan concassées

Hachez grossièrement le chocolat. Faites-en fondre 150 g au bain-marie ou au micro-ondes. Mélangez la farine avec le cacao et le sel.

Battez le beurre en pommade. Travaillez avec le sucre, puis le miel et la vanille jusqu'à l'obtention d'une consistance crémeuse. Incorporez les œufs, la farine cacaotée et le chocolat fondu. Lorsque la pâte est homogène, ajoutez le reste du chocolat haché et les noix de pécan.

Préchauffez le four à 160 °C (th.5-6). Chemisez un moule carré de papier sulfurisé et versez-y l'appareil en égalisant la surface. Faites cuire pendant 35 minutes : le brownie est alors moelleux à cœur. Lorsqu'il a refroidi, démoulez-le et détaillez-le en carrés. Vous pouvez le conserver plusieurs jours dans un contenant hermétique.

Cookies aux deux chocolats

coût moyen • facile à réaliser • préparation : 20 min • cuisson : 10 min • pour 30 cookies

1 bol - 1 jatte - 1 robot ménager - 2 plaques à pâtisserie - du papier sulfurisé

170 g de farine - 1 c. à c. de bicarbonate de soude

10 g de cacao en poudre non sucré - 1 pincée de sel

100 g de beurre mou

150 g de sucre de canne complet - 1 œuf à température ambiante

80 g de chocolat blanc grossièrement haché

80 g de pépites de chocolat noir - 60 g de noix et noix de pécan concassées

Travaillez le beurre en pommade avec le sucre, puis incorporez l'œuf légèrement battu. Mélangez la farine, le bicarbonate de soude, le cacao et le sel et incorporez-les au beurre sucré. Lorsque la pâte est homogène, ajoutez les deux chocolats et les noix. Mélangez bien.

Préchauffez le four à 180 °C (th. 6). Déposez la pâte en petits tas bien espacés sur des plaques recouvertes de papier sulfurisé, puis aplatissez-les légèrement.

Enfournez chaque plaque pour 10 minutes. Laissez tiédir les cookies avant de les déposer sur une grille. C'est alors le moment idéal pour les déguster, mais vous pouvez les conserver sans problème quelques jours dans une boîte hermétique.

Muffins choco-myrtilles

coût moyen • facile à réaliser • préparation : 20 min • cuisson : 25 min • pour 12 muffins

1 bol - 1 jatte - 1 casserole
12 moules à muffins
12 caissettes en papier

220 g de farine - 10 g de levure chimique
1 pincée de sel - 1 gros œuf
75 g de sucre de canne complet - 1 gousse de vanille
20 cl de lait entier - 40 g de beurre fondu
1 citron bio - 100 g de chocolat noir à 65 % de cacao
100 g de myrtilles - 70 g de noix de macadamia

Mélangez la farine, la levure et le sel. Prélevez et hachez finement le zeste de citron. Fendez la gousse de vanille et prélevez les graines. Coupez les noix de macadamia en lamelles. Lavez les myrtilles et essuyez-les délicatement.

Faites blanchir l'œuf avec le sucre, puis ajoutez la vanille. Versez le lait en filet, puis le beurre fondu. Incorporez progressivement la farine, le zeste de citron, puis la moitié des noix de macadamia.

Préchauffez le four à 180 °C (th. 6). Faites fondre le chocolat. Versez-le sur la pâte en mélangeant. Incorporez enfin délicatement les myrtilles.

Remplissez aux deux tiers les moules garnis de caissettes en papier et parsemez le dessus des muffins du reste de noix de macadamia. Enfournez pour 25 minutes.

Cupcakes choco-pistache

coût moyen • facile à réaliser • préparation : 20 min • cuisson : 18-20 min • pour 10 cupcakes

1 bol - 1 jatte - 1 casserole - 1 batteur électrique
10 moules à muffins
10 caissettes en papier

100 g de farine - 5 g de levure chimique
35 g de cacao - 2 œufs
100 g de beurre - 100 g de sucre de canne blond
60 g de pâte de pistaches
100 g de chocolat blanc
2 c. à c. d'huile végétale
10 pistaches mondées

Mélangez la farine, la levure et le cacao. Battez le beurre en pommade avec le sucre. Incorporez 50 g de pâte de pistaches, puis les œufs. Lorsque l'appareil est homogène, ajoutez la farine cacaotée et mélangez parfaitement.

Préchauffez le four à 180 °C (th. 6). Remplissez aux deux tiers les moules garnis de caissettes en papier.

Enfournez les cupcakes et faites-les cuire entre 18 et 20 minutes. Ils doivent être encore élastiques au toucher. Laissez-les refroidir.

Faites fondre le chocolat blanc. Ajoutez 10 g de pâte de pistaches et l'huile végétale. Mélangez parfaitement. Nappez la surface des cupcakes de cette préparation. Décorez avec une pistache. Laissez le glaçage prendre au frais.

Diamants au cacao

coût moyen • facile à réaliser • préparation : 20 min • réfrigération : 30 min • cuisson : 15 min • pour 6 personnes

1 bol - 1 robot ménager
1 plaque de cuisson
du papier sulfurisé

150 g de beurre mou

70 g de sucre de canne blond - 1 jaune d'œuf

1/2 cuil. à café de vanille en poudre

20 g de cacao en poudre non sucré - 200 g de farine

1 pincée de sel - 70 g de cassonade

Mélangez la farine avec le cacao et le sel. Travaillez le beurre en pommade avec le sucre et la vanille. Incorporez le jaune d'œuf, puis la farine cacaotée. Partagez la pâte en deux morceaux et façonnez-les en boudins. Enveloppez-les de film alimentaire et laissez-les raffermir au réfrigérateur pendant 30 minutes.

Préchauffez le four à 180 °C (th. 6). Roulez les boudins de pâte dans la cassonade, puis détaillez-les en rondelles d'environ 1 cm d'épaisseur. Disposez les disques de pâte sur une plaque recouverte de papier sulfurisé. Enfournez-les pour 15 minutes.

Les diamants resteront délicieux pendant plusieurs jours si vous les rangez dans une boîte hermétique.

Sprits aux deux chocolats

coût moyen • facile à réaliser • préparation : 25 min • cuisson : 15 min par plaque • durcissement du chocolat : 2 h • pour environ 28 sablés

1 robot ménager - 2 bols
2 plaques de cuisson
du papier sulfurisé
1 poche à douille cannelée

200 g de beurre mou

80 g de sucre glace

les graines d'1 gousse de vanille - 250 g de farine

1 blanc d'œuf légèrement battu - 1 pincée de sel

100 g de chocolat noir à 65 % de cacao

100 g de chocolat blanc

Battez le beurre en pommade avec le sucre glace. Ajoutez la vanille, puis le blanc d'œuf. Incorporez la farine et le sel. Cessez de travailler la pâte dès qu'elle est homogène.

Préchauffez le four à 180 °C (th. 6). Sur les plaques recouvertes de papier sulfurisé, dessinez des zigzags de pâte à l'aide de la poche à douille. Enfournez pendant 15 minutes. Laissez refroidir les biscuits.

Faites fondre le chocolat noir. Trempez-y chaque sablé d'un côté. Déposez les biscuits sur une grille et laissez durcir le chocolat. Procédez ensuite de même pour l'autre côté des biscuits avec le chocolat blanc. Lorsque le chocolat a durci, placez les sablés dans une boîte hermétique. Vous pourrez ainsi les conserver plusieurs jours.

Macarons au chocolat

coût moyen • délicat à réaliser • préparation : 1 h • cuisson : 12 min par plaque • pour environ 20 macarons

1 tamis
2 jattes
1 spatule
1 batteur électrique
1 poche munie d'une douille lisse n° 7
2 plaques à pâtisserie du papier sulfurisé
1 casserole

250 g de sucre glace
20 g de cacao
140 g d'amandes en poudre
120 g de blancs d'œufs
30 g de sucre semoule

Pour la ganache :

240 g de chocolat à 65 % de cacao en pistoles ou en petits morceaux
15 cl de crème fleurette

1 Recouvrez 2 plaques à pâtisserie de papier sulfurisé. Tamisez le sucre glace avec le cacao. Tamisez la poudre d'amandes, puis mélangez-la au sucre glace cacaoté. Montez les blancs en incorporant petit à petit le sucre semoule, jusqu'à ce qu'ils soient fermes et brillants. Incorporez le mélange sucre-amandes en soulevant la préparation à l'aide d'une spatule pour obtenir un appareil lisse et brillant. Dressez aussitôt les macarons à l'aide de la poche à douille en les espaçant. Laissez-les sécher pendant 30 minutes à l'air libre.

2 Préchauffez le four à 160 °C (th. 5-6). Faites cuire les macarons pendant 12 minutes en retournant la plaque à mi-cuisson. À la sortie du four, attendez 1 minute, puis versez un peu d'eau tiède entre la plaque et la feuille. Décollez alors délicatement les macarons et déposez-les à l'envers sur une grille.

3 Versez la crème fleurette dans une casserole et amenez-la au seuil de l'ébullition. Incorporez le chocolat en remuant sur feu doux. Retirez du feu et tournez jusqu'à ce que tout le chocolat soit fondu. Laissez refroidir à température ambiante.

4 Lorsque la ganache est raffermie mais encore fluide, garnissez la moitié des coques. Recouvrez avec les autres coques en appuyant légèrement pour faire apparaître la garniture sur les côtés. Dégustez de préférence le lendemain. Comme de nombreux pâtissiers, n'hésitez pas à congeler vos macarons : ils n'en seront que meilleurs.

variante

Parfumez votre ganache avec des épices, des herbes ou du thé que vous ferez infuser 10 minutes dans la crème fleurette.

truc de cuisinier

L'une des conditions de la réussite des macarons réside dans les blancs d'œufs. Ils doivent avoir été séparés des jaunes et réservés 4 à 5 jours au réfrigérateur dans un récipient hermétique, ou préalablement congelés.

Petits moelleux aux abricots et aux amandes

coût moyen • facile à réaliser • préparation : 20 min • cuisson : 17 min • pour 12 petits gâteaux

2 bols - 1 jatte

1 batteur électrique

12 caissettes ou moules à muffin

80 g de chocolat au lait - 80 g de beurre mou

60 g de farine - 80 g de sucre glace

80 g d'amandes en poudre

4 blancs d'œufs - 20 g de sucre semoule

1 boîte d'abricots au sirop - 15 g d'amandes effilées

Faites fondre le chocolat au micro-ondes ou au bain-marie. Incorporez le beurre et remuez jusqu'à ce qu'il soit entièrement fondu. Mélangez la farine, la poudre d'amandes et le sucre glace. Battez les blancs en neige et serrez-les avec le sucre semoule. Incorporez la farine sucrée en soulevant délicatement le mélange. Ajoutez ensuite le chocolat au beurre.

Préchauffez le four à 220 °C (th.7-8). Égouttez les oreillons d'abricots. Si vous utilisez des caissettes en papier, placez-les dans des moules à muffin. Sinon, beurrez des moules et farinez-les. Mettez 1 cuillerée à soupe de pâte au fond de chaque caissette. Posez dessus 1 oreillon d'abricot coupé en quatre et recouvrez de pâte. Parsemez d'amandes effilées. Faites cuire les petits gâteaux au four pendant 17 minutes. Dégustez-les à température ambiante.

Petits moelleux au thym et au citron

coût moyen • facile à réaliser • préparation : 20 min • cuisson : 17 min • pour 10 petits gâteaux

1 bol - 1 jatte

1 batteur électrique

10 caissettes ou moules à muffin

100 g de chocolat noir à 70 % de cacao

100 g de beurre mou

70 g de sucre de canne brun - 4 œufs

1 petite c. à s. de miel

20 g de farine - 20 g de fécule de pomme de terre

le zeste d'1 citron bio

3 branches de thym frais

Faites fondre le chocolat au micro-ondes ou au bain-marie. Incorporez le beurre et remuez jusqu'à ce que le mélange soit lisse et brillant. Blanchissez les œufs avec le sucre. Ajoutez le miel et le chocolat fondu. Mélangez parfaitement, puis incorporez la farine et la fécule. Hachez finement le zeste de citron. Lavez, séchez et effeuillez le thym. Ajoutez ces ingrédients à la pâte.

Préchauffez le four à 210 °C (th. 7). Beurrez et farinez les moules. Remplissez-les de pâte. Enfournez et laissez cuire pendant 15 à 17 minutes (12 minutes pour des mini-moules). Dégustez ces petits gâteaux tièdes ou à température ambiante.

Mousse au chocolat

coût moyen • facile à réaliser • préparation : 15 min • réfrigération : 2 h • pour 6 personnes

1 casserole
2 bols
1 jatte
1 batteur électrique
1 fouet
6 coupes individuelles

180 g de chocolat noir à 70 % de cacao

4 œufs ultra-frais

60 g de lait entier

20 g de crème fleurette

30 g de sucre semoule

1 Coupez le chocolat en petits morceaux et faites-le fondre au bain-marie ou au micro-ondes.

2 Portez le lait et la crème à ébullition et versez-les sur le chocolat en mince filet tout en remuant délicatement avec un fouet à main.

3 Cassez les œufs en séparant les blancs des jaunes. Incorporez un jaune d'œuf à la ganache et mélangez parfaitement. Battez les blancs en neige bien ferme en ajoutant progressivement le sucre. Incorporez les blancs en neige au mélange chocolaté en procédant avec délicatesse pour que la mousse reste aérée.

4 Remplissez des coupes individuelles et réfrigérez au moins 2 heures avant de déguster.

variante

Faites infuser herbes, épices ou gingembre dans le lait et la crème pour ajouter une saveur inhabituelle à ce grand classique.

truc de cuisinier

Veillez à utiliser pour cette recette sans cuisson des œufs ultra-frais, et ne conservez pas cette mousse plus de 24 heures.

Mousse choco-caramel

coût moyen • facile à réaliser • préparation : 20 min • réfrigération : 2 h • pour 6 personnes

1 bol
2 jattes
2 petites casseroles
1 batteur électrique
1 petit fouet

150 g de chocolat noir à 70 % de cacao
8 cl de lait entier
le jaune d'1 gros œuf ultra-frais
les blancs de 3 gros œufs ultra-frais
100 g de sucre semoule
30 g de beurre en parcelles
5 cl de crème fleurette
1 feuille de gélatine (1 g)

1 Coupez le chocolat en petits morceaux et faites-le fondre au bain-marie ou au micro-ondes. Portez le lait à ébullition et versez-le lentement sur le chocolat en tournant avec un petit fouet. Incorporez le jaune d'œuf à la ganache et cessez de remuer dès que le mélange est bien lisse. Mettez la gélatine dans un petit bol d'eau pendant quelques minutes. Dès qu'elle a ramolli, essorez-la et incorporez-la à la ganache chaude. Mélangez pour bien la dissoudre.

2 Faites chauffer un quart du sucre dans une petite casserole. Dès qu'il a fondu, saupoudrez avec un quart du sucre et ainsi de suite. Imprimez des mouvements circulaires à la casserole pour répartir la chaleur, mais ne remuez surtout pas. Retirez du feu dès que la totalité du sucre a fondu : vous avez alors un caramel ambré. Décuisez-le immédiatement avec le beurre, puis avec la crème fleurette, en prenant garde aux projections. Lorsqu'il est parfaitement homogène, incorporez-lui un peu de ganache, puis versez-le dans le reste de ganache et mélangez parfaitement.

3 Battez les blancs en neige bien ferme, puis incorporez-les délicatement et en plusieurs fois au mélange chocolat-caramel.

4 Répartissez la mousse dans des coupes individuelles et laissez prendre au réfrigérateur pendant au moins 2 heures.

variante

Vous pouvez utiliser du beurre salé pour ajouter du caractère à cette mousse.

truc de cuisinier

Le caramel peut fumer, mais ne doit en aucun cas mousser, sans quoi il risque de devenir amer.

Trifles chocolat - fruits rouges

coût moyen • facile à réaliser • préparation : 45 min • cuisson : 10 min • pour 4 personnes

1 bol - 1 jatte - 1 bain-marie
1 casserole - 1 spatule
1 batteur électrique
1 plaque à pâtisserie
1 emporte-pièce
1 poche à douille cannelée
4 petites verrines

40 g de farine - 15 g de fécule de maïs

10 g de cacao - 2 œufs

60 g + 4 c. à s. de sucre

150 g de fruits rouges surgelés

1 barquette de framboises fraîches

1/2 barquette de myrtilles fraîches

20 cl de crème fleurette

Pour la crème :

60 g de chocolat à 70 % de cacao - 2 jaunes d'œufs

35 g de sucre - 10 cl de lait

7 cl de crème fleurette

2 c. à c. de kirsch

1 Préchauffez le four à 180 °C (th. 6). Tamisez ensemble la farine, la fécule et le cacao. Faites blanchir les œufs en les fouettant avec 60 g de sucre dans un récipient au bain-marie. Ils vont rapidement tripler de volume. Retirez-les alors du bain-marie et continuez à battre pour abaisser leur température. Incorporez progressivement la farine cacaotée. Étalez la pâte sur une plaque recouverte de papier sulfurisé. Enfournez pour 10 minutes. Ôtez le papier et laissez refroidir la génoise sur une grille.

2 Faites cuire les fruits rouges surgelés avec 2 cuillerées à soupe de sucre dans une petite casserole pendant 10 minutes. Réservez cette compotée.

3 Faites fondre le chocolat. Mélangez les jaunes d'œufs avec le sucre. Portez à ébullition le lait et la crème. Mélangez-en une partie aux jaunes, puis reversez l'ensemble dans la casserole. Faites cuire quelques instants sur feu doux en tournant constamment. Lorsque la crème nappe la cuillère, versez-la sur le chocolat en 3 fois en remuant. Ajoutez le kirsch et laissez refroidir.

4 Répartissez les fruits rouges cuits au fond des verres de présentation. Découpez des disques de génoise à l'aide d'un emporte-pièce du diamètre des verres, puis posez-les sur la compotée. Recouvrez de crème au chocolat, puis de framboises et de myrtilles. Montez la crème fleurette avec 2 cuillerées à soupe de sucre. Dressez des dômes de chantilly sur chaque trifle à l'aide d'une poche à douille cannelée. Servez bien frais.

variante

En été, remplacez les fruits rouges surgelés par des abricots et des pêches.

truc de cuisinier

Vous pouvez utiliser une génoise toute prête. Cependant, ne négligez pas la chantilly, qui est vraiment incomparable quand elle est faite maison.

Crèmes brûlées au chocolat au lait

coût moyen • facile à réaliser • préparation : 15 min • cuisson : 1 h • réfrigération : 2 h • pour 6 personnes

2 bols
1 batteur électrique
1 casserole
6 ramequins à crème brûlée
1 chalumeau

150 g de chocolat au lait
4 jaunes d'œufs
75 g de sucre de canne foncé
25 cl de lait entier
25 cl de crème fleurette
1 gousse de vanille
cassonade

1 Portez à ébullition le lait et la crème avec la gousse de vanille fendue. Laissez ensuite infuser hors du feu. Battez les jaunes d'œufs avec le sucre jusqu'à ce que le mélange soit épais et clair. Faites fondre le chocolat au micro-ondes ou au bain-marie.

2 Faites chauffer le four à 100 °C (th. 3-4). Versez le mélange lait-crème chaud sur le chocolat après avoir retiré la gousse de vanille. Lorsque la préparation est homogène, mélangez-la aux jaunes d'œufs blanchis.

3 Répartissez la crème dans les ramequins. Enfournez et laissez cuire pendant 1 heure. Laissez refroidir les crèmes à température ambiante, puis réfrigérez-les pendant au moins 2 heures ou jusqu'au lendemain.

4 Juste avant de déguster, saupoudrez les crèmes de cassonade et faites-les caraméliser à l'aide d'un chalumeau ou d'un brûleur en fonte. Servez sans attendre.

variante

Les crèmes brûlées seront également délicieuses caramélisées à la vergeoise, comme dans le Nord de la France.

truc de cuisinier

Si vous ne disposez pas d'un chalumeau ou d'un brûleur en fonte, passez les ramequins sous le gril du four le temps que les crèmes caramélisent. Cette méthode plus lente a l'inconvénient de les réchauffer.

Petites crèmes au chocolat

coût moyen • facile à réaliser • préparation : 20 min • réfrigération : 2 h • pour 6 personnes

2 jattes
1 casserole
1 fouet
1 cuillère en bois
6 ramequins

225 g de chocolat noir à 70 % de cacao

5 jaunes d'œufs

15 cl de lait entier

15 cl de crème fleurette

75 g de sucre de canne blond

1 gousse de vanille

3 capsules de cardamome verte (facultatif)

1 Hachez finement le chocolat. Fendez la gousse de vanille sur toute la longueur. Battez les jaunes d'œufs avec le sucre sans chercher à les blanchir.

2 Versez le lait et la crème dans une casserole et ajoutez la vanille et la cardamome. Portez à ébullition, puis couvrez et laissez infuser hors du feu pendant 10 minutes. Retirez ensuite la gousse de vanille et la cardamome, remettez sur le feu et portez à nouveau à ébullition.

3 Incorporez la moitié du lait chaud aux jaunes d'œufs, puis reversez l'ensemble dans la casserole. Faites chauffer doucement en remuant sans cesse avec une cuillère en bois. Lorsque la crème nappe la cuillère, versez-la sur le chocolat en 3 fois en mélangeant. Cessez de tourner dès que le chocolat est entièrement fondu et la préparation bien lisse.

4 Remplissez 6 petits pots ou ramequins et laissez prendre au réfrigérateur pendant 2 heures.

variante

Vous pouvez réaliser cette recette sans cardamome, ou encore remplacer celle-ci par un thé parfumé de votre choix, que vous ferez infuser dans le lait de la même façon.

truc de cuisinier

Si votre crème présente quelques grumeaux d'œuf coagulé, vous pouvez aisément la lisser à l'aide d'un mixeur, plongeant ou autre.

Fondue aux deux chocolats

coût moyen • facile à réaliser • préparation : 15 min • pour 4 personnes

2 bols
1 casserole
1 chauffe-plat
4 piques

100 g de chocolat noir à 70 % de cacao

100 g de chocolat blanc

5 cl de lait entier

10 cl de crème fleurette

2 cuil. à soupe de lait entier

2 cuil. à soupe de crème fraîche épaisse

fruits variés : banane, mangue, ananas, fraises, physalis, kiwis, raisin sans pépins…

1/2 citron vert

1. Pelez les fruits et coupez-les en cubes ou en rondelles de la taille d'une bouchée. Citronnez les morceaux de mangue et les rondelles de banane.

2. Faites fondre séparément les deux chocolats au bain-marie ou au micro-ondes. Incorporez la crème épaisse au chocolat blanc fondu.

3. Portez à ébullition le lait avec la crème fleurette. Versez-les en mince filet sur le chocolat noir en tournant jusqu'à ce que le mélange soit bien lisse et brillant.

4. Présentez les deux fondues dans des bols posés sur un chauffe-plat. Disposez un assortiment de fruits coupés à la portée de chaque convive, ainsi que de longues piques pour les tremper dans le chocolat.

variante

Vous pouvez proposer avec les fruits des morceaux de gâteau ou de brioche, qui seront délicieux trempés dans le chocolat.

truc de cuisinier

Si vous le souhaitez, vous pouvez ajouter un peu de sucre à la fondue au chocolat noir, ou encore utiliser du chocolat à 55 % de cacao, qui sera plus sucré.

Glace chocolat noir - moka

coût moyen • facile à réaliser • préparation : 20 min • turbinage : 20 min • pour 75 cl de glace

1 casserole
3 jattes
1 batteur électrique
1 turbine à glace

150 g de chocolat à 70 % de cacao

25 cl de lait frais

25 cl de crème fleurette

80 g de sucre en poudre

1 cuil. à soupe de café soluble

3 gros jaunes et 1 blanc d'œuf

1. Hachez finement le chocolat. Portez à ébullition le lait et la crème fleurette avec la moitié du sucre. Pendant ce temps, faites blanchir les jaunes d'œufs avec le reste du sucre. Incorporez-y progressivement le lait chaud, puis reversez le tout dans la casserole et replacez sur feu doux. Faites épaissir le mélange sans cesser de remuer jusqu'à ce que la préparation nappe la cuillère, en évitant l'ébullition. Retirez alors du feu et incorporez le café soluble.

2. Versez la crème chaude en plusieurs fois sur le chocolat haché et mélangez jusqu'à ce que le chocolat soit parfaitement fondu.

3. Laissez refroidir complètement. Battez le blanc d'œuf en neige et incorporez-le délicatement à la crème refroidie.

4. Mettez à turbiner, puis placez au congélateur.

variante

Pour une présentation plus sophistiquée, faites prendre la glace dans des coupes après le passage en sorbetière et servez-les nappées de chantilly vanillée.

truc de cuisinier

Si les jaunes ont légèrement coagulé lors de la cuisson de la crème, vous pouvez lisser la préparation en la mixant brièvement.

Glace chocolat au lait - marron

coût moyen • facile à réaliser • préparation : 20 min • turbinage : 20 min • pour 75 cl de glace

2 jattes - 1 casserole
1 fouet électrique
1 turbine à glace

180 g de chocolat au lait
45 cl de lait frais entier
15 cl de crème fleurette
30 g de sucre en poudre
70 g de crème de marrons
4 jaunes d'œufs
50 g de brisures de marrons glacés
1 cuil. à soupe de whisky ou de rhum ambré

Hachez finement le chocolat. Arrosez d'alcool les brisures de marrons et laissez-les macérer. Mélangez les jaunes d'œufs avec 20 g de sucre, sans blanchir. Portez le lait à ébullition avec la crème et 10 g de sucre. Versez le tout sur les jaunes en mélangeant, puis reversez dans la casserole et remuez quelques instants sur feu doux, jusqu'à ce que la crème nappe la cuillère.

Versez aussitôt cette crème sur le chocolat en mélangeant. Incorporez ensuite la crème de marrons. Laissez refroidir le mélange, puis réfrigérez-le. Passez ensuite en sorbetière. Lorsque la glace commence à prendre, incorporez petit à petit les brisures de marrons et terminez le turbinage. Placez au congélateur.

Glace chocolat blanc - gingembre

coût moyen • facile à réaliser • préparation : 25 min • turbinage : 20 min • pour 50 cl de glace

2 jattes - 1 casserole
1 fouet électrique
1 turbine à glace

140 g de chocolat blanc
40 cl de lait frais entier
5 cl de crème fleurette
40 g de sucre en poudre
4 jaunes d'œufs
15 g de racine de gingembre pelée
15 g de gingembre confit moelleux

Hachez le chocolat blanc. Coupez la racine de gingembre en petits bâtonnets et le gingembre confit en tout petits dés. Mélangez les jaunes d'œufs avec la moitié du sucre sans les faire mousser. Portez à ébullition le lait et la crème avec le reste du sucre et la racine de gingembre. Couvrez et laissez infuser hors du feu pendant 10 minutes. Filtrez le lait parfumé et réchauffez-le. Versez-le en mince filet sur les jaunes d'œufs en mélangeant, puis reversez l'ensemble dans la casserole. Faites chauffer doucement en remuant jusqu'à ce que la crème nappe la cuillère.

Versez alors petit à petit sur le chocolat en remuant. Lorsqu'il est fondu et la crème bien lisse, laissez refroidir à température ambiante, puis au réfrigérateur. Mettez à turbiner et incorporez le gingembre confit à la fin. Placez au congélateur.

Florentins

coût moyen • délicat à réaliser • préparation : 1 h • cuisson : 6-7 min • pour environ 18 florentins

1 petite casserole
1 jatte
2 plaques à pâtisserie
du papier sulfurisé ou de la toile siliconée

40 g d'écorces d'orange confites
30 g de cédrat confit
20 g de gingembre confit moelleux
30 g de cerises amarena
100 g d'amandes effilées
50 g de farine
50 g de beurre
70 g de crème fraîche épaisse
100 g de miel
50 g de sucre de canne blond
250 g de chocolat noir à 70 % de cacao, haché ou en pistoles

1 Coupez tous les fruits confits en petits dés. Réunissez-les dans un bol et mélangez-les à la farine.

2 Mettez dans une petite casserole le beurre, la crème, le miel et le sucre. Portez à ébullition. Laissez bouillonner le mélange pendant 3 à 4 minutes en remuant régulièrement, jusqu'à ce qu'il dégage le parfum caractéristique du beurre noisette. Retirez alors du feu et incorporez les fruits confits et la farine. Ajoutez ensuite les amandes et mélangez délicatement pour ne pas les briser.

3 Préchauffez le four à 180 °C (th. 6). Formez des tas de pâte sur les plaques recouvertes de papier sulfurisé ou de toile siliconée, puis aplatissez-les en disques d'environ 1/2 cm d'épaisseur. Veillez à bien les espacer, car ils s'étaleront considérablement à la cuisson. Enfournez chaque plaque pour 6-7 minutes. Les disques sont alors dorés. Façonnez-les en cercles réguliers pendant qu'ils sont encore mous, puis laissez-les durcir et refroidir complètement.

4 Procédez au tempérage du chocolat selon la méthode décrite dans la recette des mendiants (p. 74). Nappez la face lisse des florentins de chocolat et tracez des zigzags à l'aide d'une fourchette. Laissez le glaçage durcir à l'air libre, puis placez les florentins au réfrigérateur pour qu'ils deviennent bien croquants.

variante

Pour cette recette, vous pouvez choisir un miel de caractère en évitant toutefois les goûts trop puissants comme le châtaignier.

truc de cuisinier

Il n'est pas indispensable que vos florentins soient parfaitement ronds. Vous pouvez d'ailleurs cuire la pâte en plaques et la casser ensuite en morceaux irréguliers. Il est également possible de les glacer avec un chocolat juste fondu, sans passer par le processus de cristallisation du chocolat.

Riches mendiants

coût moyen • délicat à réaliser • préparation : 40 min • cuisson : 10 min • pour environ 20 mendiants

1 casserole
1 jatte
1 thermomètre
du papier guitare

250 g de chocolat noir à 65 % de cacao, haché ou en pistoles

30 g d'amandes mondées

30 g de noisettes

25 g de pistaches mondées

30 g de raisins secs

40 g de fraises confites

30 g de cerneaux de noix

30 g de cerneaux de noix de pécan

40 g de kumquats confits

1 Préchauffez le four à 160 °C (th. 5-6). Placez les noisettes et les amandes dans un plat et faites-les griller pendant 10 minutes. Laissez-les refroidir, puis frottez les noisettes entre vos doigts pour retirer la peau. Coupez les kumquats en quatre et les fraises en deux.

2 Procédez au tempérage du chocolat. Faites-le fondre au bain-marie et portez-le à une température de 45 à 50 °C. Versez-le alors dans un plat et travaillez-le avec une raclette jusqu'à ce que sa température s'abaisse à 27 °C. Vous pouvez également placer la jatte du chocolat dans un récipient contenant de la glace pilée. Cela accélère le refroidissement du chocolat, mais il faut alors remuer sans cesse pour éviter un refroidissement excessif au fond de la jatte. Dès que le chocolat atteint 27 °C, remettez-le au bain-marie en remuant bien pour que sa température remonte à 31 °C, pas plus. Vous pouvez le tester en en mettant une goutte sur une spatule. S'il durcit et devient très rapidement croquant, il est prêt à être utilisé.

3 Étalez une grande feuille de papier guitare sur le plan de travail. À défaut, du film à recouvrir les livres conviendra parfaitement. Versez du chocolat pour former quelques petits disques espacés. Déposez dessus les fruits secs de votre choix en variant couleurs et consistances. Procédez ainsi jusqu'à épuisement des ingrédients. Assurez-vous que le chocolat reste à température tout au long de l'opération. Laissez durcir les mendiants à l'air libre.

variante

Les mendiants peuvent également se réaliser avec du chocolat au lait, ou même du chocolat blanc. Les températures sont alors respectivement de 45-50 °C / 27 °C / 29 °C et de 40-45 °C / 26 °C / 28 °C.

truc de cuisinier

Si vous n'êtes pas satisfait de la texture de votre chocolat, vous pouvez recommencer le tempérage en reprenant à la première étape. Vous pouvez aussi tout simplement faire fondre le chocolat, cependant vos mendiants seront mats et moins croquants.

Truffes noires au thé jasmin

coût moyen • facile à réaliser • préparation : 20 min • réfrigération : 2 h • pour environ 20 truffes

1 jatte - 1 casserole
1 passoire - 1 fouet
1 cercle à pâtisserie
1 plaque
du papier sulfurisé

350 g de chocolat à 70 % de cacao

20 cl de crème fleurette

1 cuil. à soupe de thé au jasmin en vrac

10 g de beurre tempéré

20 g de cacao en poudre non sucré

Hachez finement le chocolat et placez-le dans une jatte. Portez à ébullition la crème liquide. Plongez-y le thé, et laissez infuser à couvert pendant 5 minutes. Réchauffez alors la crème et versez-la en 3 fois sur le chocolat à travers une passoire. Tournez doucement chaque fois à l'aide d'un petit fouet. Si le chocolat n'est pas entièrement fondu, vous pouvez réchauffer très légèrement la ganache au bain-marie ou au micro-ondes. Incorporez alors le beurre en parcelles. Dès que la ganache est lisse et brillante, cessez de tourner.

Versez la ganache dans le cercle posé sur une plaque recouverte de papier sulfurisé et laissez-la refroidir à température ambiante, puis au réfrigérateur pendant 2 heures. Lorsque la ganache est bien ferme, démoulez-la à l'aide d'un couteau, puis découpez-la en carrés ou en rectangles. Roulez les pavés dans le cacao en poudre et tapotez-les pour en éliminer l'excédent. Vous pouvez également façonner les truffes en boules irrégulières. Réfrigérez.

Truffes blanches au thé matcha

coût moyen • facile à réaliser • préparation : 20 min • réfrigération : 2 h • pour environ 20 truffes

1 jatte
1 casserole
1 fouet
1 plat creux

250 g de chocolat blanc

8 cl de crème fleurette

10 g de beurre tempéré

10 g de thé vert matcha

Hachez finement le chocolat blanc et placez-le dans une jatte. Portez à ébullition la crème liquide avec 1 cuillerée à café de thé matcha. Retirez du feu et incorporez le chocolat blanc. Tournez doucement à l'aide d'un petit fouet jusqu'à ce que le chocolat soit parfaitement fondu. Incorporez alors le beurre en parcelles. Cessez de tourner dès que la ganache est bien lisse.

Versez la ganache dans un plat en Pyrex ou en porcelaine et laissez refroidir à température ambiante, puis au réfrigérateur pendant 2 heures. Lorsque la ganache est bien ferme, sortez-la du réfrigérateur. Façonnez-la en boulettes, que vous roulerez dans le reste du thé matcha. Réfrigérez.

Petits fours chocolat-caramel

coût moyen • facile à réaliser • préparation : 30 min • prise : 2 h • pour 70-80 petits fours

2 casseroles
2 bols
1 jatte
1 batteur électrique
1 poche à douille cannelée

70-80 petites caissettes en chocolat

50 g de sucre semoule

280 g de crème fleurette

70 g de chocolat noir à 70 % de cacao

5 g de gélatine (5 feuilles)

30 g de copeaux de chocolat

1 Faites chauffer 80 g de crème en arrêtant juste avant l'ébullition. Placez une petite casserole sur le feu et saupoudrez-en le fond d'1 cuillerée à soupe de sucre. Dès qu'il est fondu, saupoudrez à nouveau et ainsi de suite, jusqu'à ce que tout le sucre soit fondu. Ne remuez à aucun moment. Le caramel peut fumer, mais pas mousser. Retirez du feu et incorporez petit à petit la crème chaude en prenant garde aux projections.

2 Faites tremper les feuilles de gélatine pendant 10 minutes dans un bol d'eau. Faites fondre le chocolat au bain-marie ou au micro-ondes, puis mélangez-le avec le caramel. Incorporez la gélatine essorée et mélangez pour la dissoudre parfaitement. Amenez à température ambiante en veillant à ne pas laisser trop figer la préparation.

3 Fouettez les 200 g de crème restants dans une jatte préalablement refroidie au congélateur. Incorporez ensuite délicatement le mélange chocolat-caramel.

4 Garnissez les caissettes de mousse chocolat-caramel à l'aide d'une poche munie d'une douille cannelée. Parsemez-les de copeaux de chocolat et laissez prendre au frais pendant 2 heures.

variante

Vous pouvez déposer une griottine dans chaque caissette et la recouvrir de la mousse que vous aurez réalisée sans caramel.

truc de cuisinier

N'incorporez jamais de crème froide dans le caramel, car les projections seraient trop importantes.

Rochers aux amandes, céréales et riz soufflé

coût moyen • facile à réaliser • préparation : 15 min • réfrigération : 2 h • pour 17-18 rochers

2 jattes
1 poêle antiadhésive
1 plaque à pâtisserie
du papier sulfurisé

170 g de chocolat noir à 65 % de cacao

50 g d'amandes effilées

2 cuil. à soupe de sucre glace

50 g de riz soufflé caramélisé

50 g de flocons 5 céréales

1. Faites chauffer à sec une poêle antiadhésive. Étalez-y les amandes effilées et saupoudrez-les de sucre glace. Mélangez et laissez griller pendant 5 minutes en remuant régulièrement. Lorsque les amandes sont dorées, mettez-les à refroidir sur une assiette.

2. Faites fondre les deux tiers du chocolat au micro-ondes ou au bain-marie. Incorporez le tiers restant et mélangez jusqu'à ce que tout le chocolat soit fondu. De cette façon, il est à la température souhaitée.

3. Mélangez les amandes, le riz soufflé et les céréales. Incorporez-les ensuite délicatement au chocolat fondu.

4. Recouvrez une plaque de papier sulfurisé. Avec la préparation précédente, formez des monticules et déposez-les sur la plaque. Laissez les rochers prendre au réfrigérateur pendant 2 heures. Ils sont alors bien croquants.

variante

Cette recette peut se décliner au gré de votre fantaisie et vous pouvez lui ajouter toutes sortes d'ingrédients : fruits confits, noisettes, autres céréales soufflées... Pour une touche plus enfantine, remplacez le chocolat noir par du chocolat au lait.

truc de cuisinier

Pour le riz soufflé, préférez la variété caramélisée, plus croustillante que le riz soufflé nature.

Chocolat chaud à l'ancienne

coût moyen • facile à réaliser • préparation : 5 min • cuisson : 5 min • pour 4 personnes

1 petit fouet
1 casserole
4 tasses

150 g de chocolat noir à 70 % de cacao

60 cl de lait entier

15 g de sucre de canne blond

1 gousse de vanille

15 g de cacao en poudre non sucré

1 Hachez le chocolat. Fendez la gousse de vanille sur toute sa longueur.

2 Faites chauffer le lait dans une casserole avec le sucre et la vanille. Lorsqu'il bout, retirez-le du feu, couvrez et laissez infuser pendant 10 minutes.

3 Retirez la gousse de vanille et ajoutez le cacao. Réchauffez le lait. Lorsqu'il frémit, ajoutez le chocolat haché et remuez avec un petit fouet sur feu doux pendant 5 minutes.

4 Attendez quelques minutes, puis versez le chocolat chaud mousseux dans les tasses, éventuellement surmonté d'un dôme de crème fouettée légèrement sucrée.

variante

Cette recette peut s'accommoder de l'épice de votre choix : cardamome, cannelle, gingembre, badiane... voire d'un trait de whisky.

truc de cuisinier

L'idéal est de préparer ce chocolat chaud à l'avance et de le réchauffer doucement juste avant de servir. Il n'en sera que plus onctueux et riche en goût.

Chocolat froid mentholé

coût faible • facile à réaliser • préparation : 15 min • refroidissement : 3 h 30 • pour 4 personnes

1 casserole
1 carafe
1 fouet ou blender
4 grands verres

100 g de chocolat à 70 % de cacao

50 cl de lait entier

15 g de sucre de canne blond

3 belles branches de menthe

Lavez la menthe, égouttez-la et coupez les tiges au ras des premières feuilles. Hachez le chocolat.

Portez à ébullition le lait avec le sucre. Retirez la casserole du feu et immergez la menthe dans le lait. Couvrez et laissez infuser pendant 10 minutes, puis retirez la menthe en la pressant contre la paroi de la casserole.

Ajoutez le chocolat et remettez la casserole sur feu doux. Remuez pour faire fondre le chocolat. Versez ensuite le chocolat chaud dans une carafe et laissez-le refroidir à température ambiante avant de le réfrigérer pendant 3 heures.

Juste avant de servir, fouettez le chocolat ou passez-le au blender. Versez-le dans de grands verres et décorez avec une feuille de menthe.

Very special Alexandra

coût moyen • facile à réaliser • préparation : 2 min • pour 2 personnes

1 shaker
1 tamis
2 verres

2 cuil. à soupe d'excellent whisky pur malt

2 cuil. à soupe de crème de cacao

2 cuil. à soupe de crème fleurette

2 pincées de cacao en poudre non sucré

Placez quelques glaçons dans le shaker. Versez le whisky, la crème de cacao et la crème liquide.

Agitez pendant quelques secondes, puis versez dans les verres, sans les glaçons. Saupoudrez légèrement de cacao à travers un tamis.

Servez aussitôt ce cocktail, idéal pour un « after ».

L'Alexandra se prépare traditionnellement avec du cognac, mais l'auteur et le photographe ont un faible pour la version whisky.

Index

Infos mesures

	1 cuil. à café rase	1 cuil. à soupe rase
Mesures canadiennes	1 teaspoon (tsp)	1 tablespoon (TBSP) - ½ oz
Farine	5 g	15 g
Sucre	6 g	20 g
Liqueur	0,5 cl ou un trait	1,5 cl
Fécule	5 g	15 g
Vin / eau	0,5 cl	1,5 cl

Collection Toquades de First

Pour tous les toqués de cuisine !

Mamma miam !
Mange ta soupe !
Mes p'tits biscuits
Mille et une pâtes
Mini-brochettes
Mini-cocottes & Co
Mini-vapeur
Mini verres, maxi délices !
Mon p'tit bistrot
Oh mon gâteau !
Papillote surprise
Petites crèmes et tiramisus !
Prenez-en de la graine !
Raconte-moi des salades !
Recettes pour bébé
Slunch
So crumble !
Soirée mousse
Soupes !
Sublimes terrines
Sur un air de cappuccino
Sushi & sa chimie
Tatins renversantes
Tronche de cake
Ultra-fondant
Un amour de dîner
Une cuillère pour maman
Un parfum de tajine
Verrines frisson garanti !
Verrines jolies, jolies
Verrines qui friment
Wok attitude
Wok'n roll
Yakitori entre amis
Yaourts tout doux